目 次

新版 生長の家 聖歌 歌詞

1　実相を観ずる歌

谷口雅春・作詞

一、

神はすべてのすべて、
神は完《また》き生命《いのち》、
神は完き叡智《みちえ》、
神は完き聖愛《みあい》。

すべてのものの内に、
神の生命は生《い》くる、
神の叡智は生くる、
神の聖愛は生くる。

神はすべてにして、
すべて一体《ひとつ》なれば、
よろずもの皆共通《ひとつ》の
ちから是《これ》を生かせり。

天地《あめつち》の創造主《つくりぬし》は、
唯一つの神にませば、
天地はただ一つに、
いと妙《たえ》に調和満《み》つる。

吾れ坐す妙々実相世界
吾身は金剛実相神の子
万《よろ》ず円満大調和
光明遍照実相《こうみょうへんじょうじっそう》世界《せかい》。

二、

神は生命《いのち》にして、
吾れは神の子なれば、
吾れはすべてを生かし、
すべては吾れを生かす。

神は愛にして、
吾れは神の子なれば、
吾れはすべてを愛し、
すべては吾れを愛す。

神は智慧《ちえ》にして、
吾れは神の子なれば、
吾れはすべてを知り、
全てのもの吾れを知れり。

神はすべてにして、
吾れは神の子なれば、

（裏につづく）

吾れ祈れば天《てん》地《ち》応《こた》え、
吾れ動けば宇宙動く。

吾れ坐す妙々実相世界
吾身は金剛実相神の子
万《よろ》ず円満大調和
光明遍照実相世界。

2　生長の家の歌

谷口雅春・作詞

（一）基教讃歌

あまつくに　いまここにあり
我《われ》ちちの　みもとにゆけば
なんじらの　うちにきたると
十字架に　かかりしイエスは
のたまいぬ　あわれ世のひと
十字架は　にくたいなしの
しるしなり　この肉体を
クロスして　我《われ》神の子とさとりなば
久遠《くおん》にいのちかがやかん
久遠にいのちかがやかん

（二）仏教讃歌

衆生劫《しゅじょうこう》　つきてこの世の
焼くときも　天人《てんにん》みつる
我が浄土　安穏《あんのん》なりと
釈迦牟尼《しゃかむに》の　宣《の》りたまいしは
現象の　この世かわるも
実相の　浄土はつねに
今ここに　久遠ほろびず

（裏につづく）

燦々《さんさん》と　まんだらげ降り童子《どうじ》舞う
光輝く世界なり
光輝く世界なり

（三）古事記讃歌

天津日子《あまつひこ》　火遠理《ほおり》の命《みこと》
現象の　わなにかかりて
海幸《うみさち》を　我《が》の力にて
釣《つ》りたまう　されどつりばり
失いて　まがれる鉤《はり》に
まようとき　しおづちの神
あらわれて　めなしかつまの
み船にて　龍宮城に導きぬ
龍宮城はいま此処《ここ》ぞ
龍宮城はいま此処ぞ

（四）万教帰一讃歌

しおづちの　うみのそここそ
創造の　本源《ほんげん》世界
汝らの　内にありとて
キリストが　のりたまいたる
神の国　この世焼くるも
亡びずと　法華経の説く

実相の　浄土何《いず》れも
ひとつなり　十字まんじと異《こと》なれど
汝《な》のうちにある天国ぞ
汝のうちにある天国ぞ

3　神と偕《とも》に生くる歌
―神人合一譜―

谷口雅春・作詞

一、
おお永遠の父にして
母にましますわが神よ
われたからかに　汝《なれ》を讃《たた》えん。
おお永遠の主にして
偕にまします　わが神よ
われ仰《あお》ぎ見て　汝を崇《あが》めん。

二、
われ一人来て　われひとり
生くと見ゆれど　ふたりなり
その今一人は　神にまします。
神はいのちの　言葉にて
肉の宮居《みやい》を　造《つく》り成《な》し
わが魂を　棲《す》まわせたまう。

三、
神のみ生命《いのち》　わがいのち
神のみこころ　わがこころ
つねにまもられ　みたま殖《ふ》えたり。
心身《しんしん》ともに　神の御子《みこ》
わが生活は　きよきかな
わが想念は　敏《と》く円《まど》きかな。

四、神と神の子　偕に棲《す》み
神の御子たち　相むつみ
今此処《ここ》天国　極楽浄土。
住む人常《つね》に　すこやかに
こころあかるく　舞いあそぶ
今此処天国　極楽浄土。

4　いのち柱の歌

谷口雅春・作詞

一、あめつちに　みちていませる
おおいなる　不滅《ふめつ》いのちを
われは享《う》け　われはうまれぬ。

二、死を知らぬ　永遠《とわ》のいのちを
わがうちに　やどし生れて
神の子と　われを尊ぶ。

三、全智にて　あたわぬぞ無き
神の慧《え》と　愛と力を
われは享《う》け　われは生きたり。

四、誰か言う　死すべき者と
不滅なる　神の生命《いのち》の
生《あ》れましし　神の御子《みこ》らを。

五、とこしえに　朽《く》つることなく
われは立つ　いのち柱ぞ
聖なるかな　神の愛《め》ぐし児《ご》。
（くり返す）

六、合掌す　君のいのちに
礼拝す　われのいのちを
聖なるかな　神の愛《め》ぐし児《ご》。
（くり返す）

5 宇宙荘厳《そうごん》の歌

谷口雅春・作詞

一、荘厳きわまりなき自然
悠久《ゆうきゅう》きわまりなき宇宙
立ちて仰《あお》げばあおぞらに
銀河ながれて星無限

二、かみの叡智《えいち》はきわみなし
かみのちからは限《かぎり》なし
星と星との空間を
ひく糸もなくひく不思議

三、不可思議不可知科学者も
なにゆえ万有引力《ばんゆういんりょく》が
あるかをしらずただ神秘
万有むすぶは神のあい

四、ああかみの愛かみの愛
宇宙にみちて万有を
むすびあわせて荘厳の
宇宙いまここけんげんす

五、もし愛なくば荘厳の
宇宙げんぜず美しき
人と人とのむつまじき
むすびの世界あらわれず

六、われらいのちの本源《ほんげん》を
神にみいだし神の子の
愛のいのちを生きんかな
神のいのちを生きんかな

6　神霊《しんれい》降誕《こうたん》譜《ふ》

生長の家本部・作詞

一、おしえおや　うまれたまいし
よろこびの　此《こ》の日このとき
かみの子と　生《う》まれしわれら
みなひとに　やどれるかみを
ひたすらに　たたえまつらん。

二、さちおおき　よろこびのきょう
よろこびの　此《こ》の日このとき
かみの子と　おしえられにし
このさちを　わかちつたえて
みなひとに　つたえまつらん。

三、おしえおや　うまれたまいて
このせかい　すがたかわりぬ
やみおおき　世界は消えて
ひかりみつる　此《こ》の世浄土と
うちつどい　かみをたたえん。

四、ひるも夜も　讃歌みちたり
降《ふ》る星は　み空をかざり
てんごくの　とりは囀《さえず》り
日と月は　ともにかがやき
みなうたう　みおやたたえて。

7 堅信歌《けんしんか》

谷口雅春・作詞

一、われは聴《き》くわが内なる声を
〃みひかりを常にもとめて
わが御手《みて》をしかと握《にぎ》れよ
安らなれすべて善《よ》ければ
とこしえに此処極楽に
い
なれは今まもられてあり。
何者か汝《なれ》を奪《うば》わん。
大《おお》いなる我れ汝《な》を抱《いだ》けば。〃

二、われは聴くわが内なる声を
〃われ常に汝《なれ》をまもれば、
われ常に汝《な》を導けば、
何時《いつ》のとき何処《いずち》にあるも、
汝《な》は完《ま》たく清くけがれず、
行く道に迷うことなし。
われは汝《な》の内なる神ぞ
わが護《まも》り常に完《ま》たし。〃

8　使命行進曲

谷口雅春・作詞

一、
人間何の目的ぞ
人生何の意義《いぎ》ありや
その目的を知らずして
人と生れて甲斐《かい》ありや
人と生れて甲斐ありや

二、
人は生命《いのち》を神に享《う》け
神の最高実現と
此世《このよ》にうまれ使命享《う》く
使命果《はた》さず甲斐ありや
使命果さず甲斐ありや

三、
愛行こそはわが使命
神は愛なりただ与う
神のみ跡《あと》をまなびつつ
われ愛行にいそしまん
われ愛行にいそしまん

（裏につづく）

四、使命に生くる者のみが
知るよろこびを我れ生きて
生命《いのち》きたえていざ起《た》たん
たましい浄《きよ》めいざ行かん
たましい浄めいざ行かん

9　生長の家白鳩会の歌

谷口雅春・作詞

一、
へいわへの　あまつみつかい
しろはとは　いまあまくだりぬ
しろはとは　あめとつちとに
よろこびを　あまねく撒《ま》かん。
（くり返す）

二、
ゆきのごと　翼《つばさ》かけらい
天津世《あまつよ》の　うつし秩序《ちつじょ》を
かみくにの　うつし調和《ちょうわ》を
この国に　撒《ま》きてひろめん。
（くり返す）

三、
そのかみの　久遠女性《くおんおみな》と
そのかみの　久遠男性《おのこ》と
しろはとは　二羽《ふたつ》そろいて
巣をつくり　雛《ひな》をそだてん。
（くり返す）

（裏につづく）

四、しろはとを　シンボルとして
いざさらば　吾ら女性《じょせい》は
民主国　わがひのもとの
平和への　基礎《きそ》をきずかん。
（くり返す）

10　白鳩讃歌

谷口雅春・作詞

一、白鳩は　愛の女神《めがみ》ぞ
群《む》れ飛ばん　愛の御使《みつかい》
国ぐにを　めぐり翔《かけ》りて
愛念を　ひろく送らん。

二、白鳩は　平和の天使
群れ飛ばん　平和の天使
青ぞらに　高く翔りて
平和への　思念おくらん。

三、白鳩の　空飛ぶところ
白鳩の　翔ろうところ
愛念は　ひろがり満ちて
調和への　道はひらけん。

四、白鳩は　素直なるかな
真白きは　無我の象徴《しょうちょう》
純潔の　翼《つばさ》ひろげて
人類を　愛に招《まね》かん。

（裏につづく）

五、ああ白鳩　天《あめ》の御使《みつかい》
よろこびの　音信《おとずれ》もちて
家々に　真理はこびて
幸福の　道をひらかん。

11

慈《じ》母《ぼ》愛《あい》育《いく》譜《ふ》

大いなるみ手に
ひかれて今日も明日も
光を行くか
いとし我が子よ

谷口輝子・作詞

12

をみなこそ

谷口輝子・作詞

おみなこそ
生けるかいあり天地《あめつち》の
なべての人の
母にしあれば
（くり返す）

13　生長の家高校生連盟の歌

谷口雅春・作詞

一、日《ひ》出《い》ずるくに　たぐいなき
六合《りくごう》を兼《か》ね　連《れん》邦《ぽう》の
みやこをひらき　八《はっ》紘《こう》は
兄弟なりと　宣言し
神武建国　三千年

二、この国日本　高ひかる
やまとの国に　生を享《う》け
大《だい》和《わ》の理想の　実現に
精進せんと　潑《はつ》溂《らつ》の
わかきいのちの　高校生

三、正《せい》大《だい》の気を　神に享け
大和の理想　国に享け
愛国の情　父に享け
人類愛を　母に享け
光明思想を　師にまなび

四、われら青年　けがれざる
わかきいのちを　純粋に

（裏につづく）

民族の使命　実現に
邁進《まいしん》せんと　集まれる
聖愛《せいあい》の使徒　高校生

五、われら日本《にほん》に　うまれたる
民族の使命　わすれずに
正《せい》をやしない　皇国《すめくに》に
身を献げんと　ちかいたる
愛国の使徒　高校生

六、おお日のもとに　生を享け
みことの自覚を　祖神《みおや》より
承《う》け嗣《つ》ぎ来りし　悦《よろこ》びを
宣《の》べ伝うべき　選士たち
真理の御子《みこ》われ　高校生

七、こころあかるく　身を清く
悦びを宣べ　世を照らし
光輪卍字《まんじ》　十字架の
万教帰一《ばんきょうきいつ》の　旗のもと
平和の真理を　宣べんかな
平和の真理を　宣べんかな

14 生長の家青年会の歌

谷口雅春・作詞

一、ひのもとの　若き生命《いのち》は
神の子の　さきはえうけて
神国《かみくに》を　あまつかなたの
はるかなる　夢のくにより
このよなる　うつしのくにに
美しき　神の構図《こうず》を
もちきたす　使命うけきて
雄々《おお》しくも　今立ち上りぬ

二、大いなる　みてに抱《いだ》かれ
悦《よろこ》びに　胸打ちふるえ
若人の　いやすすみゆく
ゆくさきは　唯《ただ》光のみ
若人の　いやすすみゆく
ゆくさきは　闇《やみ》はきえゆく
ひのもとは　ただ光のみ
ひのもとは　ただ光のみ

（裏につづく）

三、
燃えあがる　光の如く
もえさかる　若葉の如く
ひたぶるに　わかき生命《いのち》は
神の子の　御智慧《みちえ》今うけ
神の子の　力いまうけ
風はらむ　帆舟《ほぶね》のごとく
国おこす　いしずえとして
今たちぬ　生長の家青年会

15 生長の家学生会全国総連合の歌
―生学連使命曲―

谷口雅春・作詞

一、ひんがしの　日のいずるくに
日のもとの　ひじりのくにに
世のけがれ　きよめんとして
すみのえの　おおかみここに
立ちたまう
（くり返す）

二、いざなみの　ゆいぶつろんの
やみのくに　死のくに文化
ひろまりて　今やせかいは
ぶんれつし　せんそう闘争
絶え間なし
（くり返す）

三、いざなみの　唯物論の
死の兵器　黄泉軍《よもついくさ》を
ひきつれて　生命《いのち》の国に
せまりくる　危機すくわんと
われら起つ
（くり返す）

四、ひのもとの　実相のくに
生《せい》のくに　いざなぎのくに
死の神に　いまや追われて

（裏につづく）

暗《やみ》と昼《ひ》の　峠《とうげ》　比《ひ》良《ら》坂《さか》
危機せまる（くり返す）

五、いざなぎの　おおかみ此のとき
桃の実を　三つとりたまい
死の神に　なげ撃ちたまう
死のかみは　やぶれてあとに
しりぞけり（くり返す）

六、桃の実は　生命の実の
象徴ぞ　東方朔《さく》の
右の手に　にぎれる果実
不老の実　いのちの樹の実
あらわれぬ（くり返す）

七、ひのもとの　生命の実の
てつがくを　此の世にひろめ
やみくにを　ひかりのくにに
なさんとて　いまやわれ起つ
使徒われら（くり返す）

八、いざなぎの　大神、簾《みす》を
巻きあげて　い覗《のぞ》きませば
いざなみの　神のみからだ

うじたかり　水爆原爆
無《む》慚《ざん》なり
（くり返す）

九、あなしこめ　しこめきくにの
文化かな　ここに宇宙の
大祖神《だいそしん》　御国《みくに》きよむと
たちはなの　あはぎの原に
みそぎます
（くり返す）

十、たちはなの　おとの言葉の
ちからにて　最後のきよめ
なさんため　すみのえのかみ
今立ちぬ　その使徒われら
大学生
（くり返す）

十一、宇宙きよめの　神の子ら
その神の子の　中核体
われら選ばれ　団結し
生学連を　結成し
宇宙浄《きよ》むと　起ちあがる
宇宙浄むと　起ちあがる
使命大なり　生学連
使命大なり　生学連

16　生長の家女子青年の歌

谷口雅春・作詞

一、
釈尊うまれて　三千年
キリスト出《い》でて　二千年
末の世きたり　人類は
おおむね滅ぶと　預言せし
原水爆の　危機せまる

二、
現象界は　闇《やみ》の世ぞ
闇の世てらし　救わんと
ここに吾らは　天界《てんかい》ゆ
使命さずかり　天降り
真理の燈《ひ》とぼす　女子青年

三、
真理の光を　ほどこせば
与えて殖《ふ》える　無尽燈《むじんとう》
尽《つ》きざる真理の　ひかりもて
世を照らすべき　使命受け
あまくだり来《こ》し　女子青年

四、
心に悟りの　燈をもせば
三界唯心《さんがいゆいしん》　闇は無し

心に闇の　消ゆるとき
世界の平和　此処にあり
平和の天使　女子青年

五、
善人すすんで　為さざれば
闇はひろがり　人類は
原水爆に　消え失《う》せん
団結こそは　力なり
蹶起《けっき》す吾ら　女子青年

17　生長の家ジュニア友の会の歌

谷口雅春・作詞

一、よろず生物　神やどす
禽獣《きんじゅう》さえも　徳を具《ぐ》す
されど秀《ひい》でて　〝神の子〟の
神の世嗣《よつぎ》の　全徳を
表現せんと　今学ぶ
ジュニアの吾《われ》ら　〝神の子〟ぞ

二、人みな天賦《てんぷ》の　徳宿す
されど天賦の　万徳《ばんとく》は
磨《みが》かざるとき　光り無し
学ぶに従い　光り出《い》で
神徳《しんとく》あまねく　世を照らす
ジュニアの吾ら　〝神の子〟ぞ

三、道を明《あき》らめ　徳を樹《た》つ
忠孝倫理《ちゅうこうりんり》の　道を知り
大義《たいぎ》を知りて　小技《しょうぎ》棄《す》て
国の柱と　成《な》るべしと
志《こころざし》立《た》て　道はげむ
ジュニアの吾ら　〝神の子〟ぞ

四、〃神の子〃 立ちて 道はげむ
正大《せいだい》の気 友を呼《よ》ぶ
雲と集まる 同志たち
血の盟《ちかい》たて 結び合う
ここに不滅《ふめつ》の 集団と
なりしジュニアの友の会
金剛《こんごう》不壊《ふえ》の 集団と
なりしジュニアの友の会

18　今ここに新《あら》たに生れ

―はつ日の祈り―

谷口雅春・作詞

一、今ここに新たに生れ
神の子のすがたあらわし
みこころのまたき姿を
あらわして生きんちかいを
今ここに為《な》す日今日の日。

二、今ここに新たに生れ
みいのちのまたき姿を
生きんとの覚悟《かくご》新たに
今目覚め神の姿を
とことわに生きんと誓《ちか》う。

三、今ここに新たに生れ
充《み》ち足りて欠《か》くることなく
行くところさわりに遭《あ》わず
住むところ暗きを知らず
とこしえに悩むことなし。

四、今ここに新たに生れ
天地《あめつち》を貫《つらぬ》く幸《さち》を

天津日《あまつひ》のごとくゆたけく
あまたらし光みちたる
このいのち今よろこばん。

19

新生讃歌

谷口雅春・作詞

一、
あたらしき　としをむかえて
あたらしく　生《あ》れけるわれは
うつそ身の　肉にしあらず
かみの子と　うまれしみたま
あたらしき　みたまとうまれ
あたらしき　としをむかえて
いまいくる　かみのいのちは
とこしえに　老《お》いずすこやか

二、
みいのちを　ゆたかにうけて
みひかりを　ゆたかに吸《す》いて
いまいくる　かみのみいのち
いまのぶる　かみのみちから
あめつちの　すべてにみちて
行くかぎり　すべてにありて
みちびくは　かぎりなき智慧《ちえ》
行くさきは　あまつかみくに

三、あたらしき　やくそくの地に
あたらしき　肥《ひ》よくのくにに
ゆたかなる　めぐみいまうけ
やすらいの　くにに生くるは
おおかみの　めぐしみこたち
うるわしの　実相《まこと》のくにに
み手うちて　浄土ここぞと
舞いあそぶ　やくそくのくに

〈註〉第一句の「あたらしきとしをむかえて」は新年祭以外にうたうときは「あたらしき悟りひらきて」と歌詞を変えます。

20　讃春歌《さんしゅんか》

谷口雅春・作詞

一、外に花咲く　春が来た、
内にも花咲く　春が来た、
外にも内にも　春が来た、
心の中《うち》に　眠ってた
神が目覚めて　春うたう
心ほのぼの　春が来た。
心ほがらか　春が来た。

二、うれしいうれしい　春が来た、
すべての人に　にこにこと
瞳《ひとみ》の中《なか》に　神の愛、
ことばの中《なか》に　神の智慧、
かみの生命《いのち》を　今いきて
こころ明るく　笑いましょう。
こころ青空　笑いましょう。

三、わが魂の神めざめ
すべての人に神を見る、
過去のなげきの　夢さめて
あらたに生れた　この生命《いのち》、

ここが天国　極楽と
ひかりの世界に　歌いましょう。
いのちの春を　歌いましょう。

21　天国成就《じょうじゅ》の歌

谷口雅春・作詞

一、過去はいま　過去になりたり
未来世は　いまだきたらず
いまこの　いのち生きたり
（この句くり返す）
真理のみ　われをてらせり

二、わがこころ　みそらにむかい
みこころと　ひとつになれり
かがやきは　こころに満ちて
（この句くり返す）
わがいえに　たからみちたり

三、くらきもの　すべて消えたり
わがくにに　かがやきみちぬ
よろこびは　こころにみちて
（この句くり返す）
いえいえに　祝福みちぬ

四、ときはいま　ついにきたりぬ
かみのさが　いまあまくだり
いとたかき　ひかりの雲に
（この句くり返す）
のぼり行く　われら神の子

五、のぼり行く　われら神の子
うつくしき　神の子のさが
愛と智慧　いのちのひかり
（この句くり返す）
かがやきて　ここぞてんごく

六、てんごくと　地はひとつなり
かみがみと　われは身ひとつ
みちびきは　神よりきたり
（この句くり返す）
よろこびの　讃歌みちたり

22 光に向う歌

谷口雅春・作詞

一、
われかつて　かなしみしかど
いまは　あざけりの上に立ち
いまは　かなしみの上にそびゆ
大《おお》いなるかみ　われを護《まも》れば

二、
われかつて　やみたりしかど
いまは　いたつきを克服《こくふく》し
いまは　すこやかにいのち生《い》く
大いなるかみ　われを護れば

三、
かなしみも　いたつきもみな
わがこころ　えがきし夢ぞ
ふたたびは　悪《あ》しき夢見じ
かみの智慧　われを導けば

23　無限供給讃歌

谷口雅春・作詞

一、われかつて　まずしさの
夢をえがきしかども
ありとあらゆる　宇宙の富は
（くり返す）
かみのものと悟《さと》りぬ。
（くり返す）

二、われかつて　神の子と
知らずして迷いしが
神の御許《みもと》に　かえりきたりて
（くり返す）
神の御子《みこ》とさとりぬ。
（くり返す）

三、天《あめ》の富　地《つち》のとみ
神のつくりたまえる
あらゆる資源　あらゆる富は
（くり返す）
御子に嗣《つ》がせたまえり。
（くり返す）

（裏につづく）

四、神はその　有《も》ちたまう
すべて人にあたえ
わが世嗣《よつぎ》ぞと　あがめたまえり
（くり返す）
われすでに富めるかな。
（くり返す）

五、われすでに　ゆたかなり
神はわがための宝庫《みくら》
すべてのたから　われに属せり
（くり返す）
われすでに富めるかな。
（くり返す）

24 望郷回光譜《ぼうきょうかいこうふ》

谷口雅春・作詞

一、われ遠くながれ行きしかな
暗黒と相たわむれつつ
遙《はる》かにもさすらい行きしかな

二、快楽にあいたわむれつつ
愚《おろ》かにもみおやがみ忘れ
いと遠くながれ行きしかども

三、みおやなる神の御声《みこえ》きき
いま覚めぬふるさとを恋い
いま覚めぬかみのくに慕《した》いて

四、ここはいま神の国なり
かみの智慧《ちえ》かがやき満てり
かみの愛あたたかく抱《いだ》けり

五、智慧と愛ここに満ちたり
五官智は知ることを得ず
感覚は見ることを得ざれど

（裏につづく）

六、見えざれどみひかりはあり
みひかりのかがやくところ
暗《やみ》は消えただ光のみあり

七、わがいのちひかりあまねし
うちも外もすでに暗なし
やまい消えただひかりのみあり

八、神われを目覚めしめたまいぬ
神われを目覚めしめたまいぬ
われ此処《ここ》にいまかみのくにに住む

九、われかみをほめたたえまつらん
われかみをほめたたえまつらん
いまここはげにかみのくになり

25　練《れん》成《せい》献《けん》身《しん》譜《ふ》

谷口雅春・作詞

一、きよきながれの宇治川の
山紫《さんし》水明《すいめい》名《な》も高き
山王《さんのう》やまのおくいきに
神をたたうる神の子ら
いのちきよむとあつまれり
ホラエイ、ホラエイ、
エイエイエイエイ

二、きよきまことの神の子の
不屈《ふくつ》不撓《ふとう》のたましいを
練成せんと若人は
神をたたえて献労《けんろう》に
まことささげて無我献身
ホラエイ、ホラエイ、
エイエイエイエイ

三、無我献身はおおやまと
日高見《ひたかみ》の国ひのもとの
やまとばたらき神の子の
いのちをきよめ実相を

（裏につづく）

呼び出し引き出す奇《く》し作業
　ホラエイ、ホラエイ、
　　エイイエイ

四、「与えよさらば与えられん」
神のことばは真理ぞと
いのち献《ささ》げて練成に
いそしむ我ら神の子は
智慧出し愛出し奇《く》し作業
　ホラエイ、ホラエイ、
　　エイイエイ

26 聖使命菩薩《ぼさつ》讃歌

谷口雅春・作詞

一、
菩薩は如何なる人なるや
菩薩はすべての人類を
自己に摂取《せっしゅ》し苦をのぞき
楽あたえんと決意して
愛他にはげむ人なるぞ
愛他にはげむ人なるぞ

二、
いまや澆季《ぎょうき》の世になりて
人災天災あいつぎて
原爆水爆雨降りて
人類の悲惨きわみなき
最後の日こそ近づけり
最後の日こそ近づけり

三、
釈迦は法滅尽経《ほうめつじんきょう》に
イエスはマタイ二十四に
この世の終り預言《よげん》せり
ここに悲願の菩薩たち
世を救わんと今起《た》てり
世を救わんと今起てり

（裏につづく）

四、平和を招く聖使命
叫ぶラッパの声きキて
吾ら聖使命菩薩たち
世界の闘争《とうそう》しずむべく
いざ祈らんと集まれり
いざ祈らんと集まれり

五、されど末法《まっぽう》の世なるゆえ
心の法則知らずして
あらそう心さかんにて
街頭に赤旗はんらんし
闘争精神空をおおい
闘争精神地を圧す

六、菩薩は何を為すべきか
これら闘争精神を
吾ら菩薩のコトバにて
菩薩の集団祈りにて
鎮圧《ちんあつ》すべく揮《ふる》いたつ
鎮圧すべく揮いたつ

七、されどおおむねマスコミは
左に偏《へん》し中道を

さけぶ吾らの声とぼし
挺身致心《ていしんちしん》献資もて
光のコトバを増強せん
救いの力を増強せん

八、
原爆水爆地にふりて
地軸《ちじく》かたむき叫喚《きょうかん》の
地獄のさまを現ずとも
陰徳つめる菩薩たち
神の加護あり救われん
神の加護あり救われん

27

真理に向う歌

谷口雅春・作詞

なぜ　あなたはそんなに悲しいの。
人はたくさんいるけれども
みんな孤独なのよ。

なぜ　あなたはそんなに孤独なの。
なぜって　みな自分のことばかり考えていて
人のことはみんな捨てておくのよ。

なぜ　みんなは光に向かないの。
なぜって　みな真理を知らないで
やみに向って走っている
みんなかわいそうよ。

あんた　どうぞ真理を話してよ。
では　わたしがみんなの幸せを
祈って真理を話そうよ。

みんなよく聞け、よく聞け、聞くんだよ。
人間すべて　神の子、
人間すべて　仏の子。

無限生命、無限智、
無限愛、無限供給、
一切万事自在、無礙《むげ》光明、
あまねく照すなり。
人間すべて神の子、
人間すべて仏の子。

28

久《く》遠《おん》いのちの歌

谷口雅春・作詞

是《こ》の身は霓《にじ》の如《ごと》し、
霓は久しく立つ能《あた》わず、
須臾《しゅゆ》にして消ゆ。

是の身は泡《あわ》の如し、
泡は久しく立つ能わず、
須臾《しゅゆ》にして消ゆ。

是の身は幻《まぼろし》の如し、
幻は久しく立つ能わず、
須臾《しゅゆ》にして消ゆ。

是の身は響《ひびき》の如し、
響は久しく立つ能わず、
須臾《しゅゆ》にして消ゆ。

是の身は稲妻《いなづま》の如し、
稲妻は久しく立つ能わず、
須臾《しゅゆ》にして消ゆ。

是《こ》の身は浮雲《うきぐも》の如《ごと》し、
浮雲は久しく立つ能わず、
須臾《しゅゆ》にして消ゆ。

是の身は水流《すいりゅう》の如し、
水流は久しく立つ能わず、
念々《ねんねん》に流れ去る。

是の身は芭蕉《ばしょう》の如し、
実《じつ》ありと見ゆれども、
中空《なかくう》にして実《じつ》あらず。

是の身は焔《ほのお》の如し、
温《あたた》かく見ゆれども、
一切を焼き尽《つく》して空《むな》し。

是の身は夢の如し、
実ありと見ゆれども、
虚《きょ》にして空《むな》し。

是の身は迷《まよ》い《?》より出《い》ず、
実ありと見ゆれども、
妄《もう》にして空《むな》し。

（裏につづく）

この身は主《しゅ》なし、
主ありと見ゆれども、
主なくして空《むな》し。

この身は心性《こころ》なし、
心性ありと見ゆれども、
瓦礫《がれき》の如く心性なし。

この身は生命《いのち》なし、
旋風《せんぷう》に舞《ま》う樹《こ》の葉の如く、
唯業力《ただごうりき》に転《てん》ぜらる。

是《こ》の身は不浄《ふじょう》なり、
美しく見ゆれども、
内《うち》に醜《みにく》きもの充満《じゅうまん》す。

是の身は無常《むじょう》なり、
堅固《けんご》なりと見ゆれども、
必ずや当《まさ》に死すべき時臨《きた》らん。

泡の如く、霓《にじ》の如く、
幻《まぼろし》の如く、響《ひびき》の如く、

過ぎ去るものは実在《じつざい》に非《あら》ず。

汝ら実在に非ざるものを、
『我《われ》』なりと言うべからず、
当《まさ》にこれを『我』と言うべからず。

空《むな》しきものは『我』に非ず、
死するものは『我』に非ず、
無常《むじょう》なるものは『我』に非ず。

法身《ほっしん》こそ応《まさ》に『我』なり。
仏身《ぶっしん》こそ応に『我』なり。
金剛身《こんごうしん》こそ応に『我』なり。

不壊《ふえ》なるものこそ応に『我』なり。
死せざるものこそ応に『我』なり。
尽十方《じんじっぽう》に満《み》つるものこそ応に『我』なり。

29　即身成仏《そくしんじょうぶつ》偈《げ》

谷口雅春・作詞

一、
神は吾らと　常にともにして
至大無外《しいだいむがい》　至小無内《しいしょうむない》
虚空《こくう》にふさがり　宇宙にひろがり
わがからだにも　充《み》ち満《み》ちたまう

二、
神はあまねく　空の星にも
いとはるかなる　天《あま》の河にも
わが肉体にも　くまなく在《いま》して
いのちをあたえ　みちびきたまう

三、
神よ　汝《なんじ》は　わが内に住む
きよきみいのち　つねに消えざる
ちえのみひかり　愛のみひかり
ひかりあまねく　かがやきたまう

四、
かみのみいのち　ひとのみいのち
われのいのちに　みほとけは住む
この身このまま　かみのみからだ
此処がこのまま　天国浄土

30　神《しん》徠《らい》招《しょう》請《せい》譜《ふ》

谷口雅春・作詞

一、わがこころこそ　神の宮
わが感情《かんじょう》と　想念《そうねん》と
意志《いし》との聖《せい》なる　奥殿《おくでん》に
神は坐《ざ》したまう　神は坐したまう

二、わがこころこそ　神の宮
わが感情と　想念と
意志との宝座《ほうざ》に　坐《ざ》したまい
神はすべてを　みちびきたまう

三、こいねがわくは　みおやなる
神よ　われらを　みちびきて
汝《な》のきよきごと　きよくして
汝《な》のまったきごと　まったからしめよ

四、神よりうまれし　神の子の
わが感情と　想念と
意志のちからよ　我《が》を捨《す》てて
ひたすら神の　聖旨《みむね》ぞ聴《き》かん

31 み光の天使は歌う

谷口雅春・作詞

一、
わがくには　ひかりのみくに
いにしえゆ　ひのもととよび
うるわしき　あめのうずめの
おどりにて　いわの戸ひらけ
おおかみは　いでましにけり
おおかみは　いでましにけり

二、
われこそは　ひかりのてんし
かみよりぞ　ひかりうけたる
われゆけば　そこにひかりを
われゆけば　ここにさきはえ
かすかにも　くらきことなし
かすかにも　くらきことなし

三、
われこそは　へいわのてんし
かみよりぞ　しめいうけ来て
行くかぎり　へいわもたらす
あらそいは　消えてあとなく
いまここに　てんごくげんず
いまここに　てんごくげんず

四、

かみのあい　ひかりとなりて
この世をば　つつみたまえば
いっさいの　やみはあとなく
ただひかり　ひかりのみ満ち
いまここに　極楽げんず
いまここに　極楽げんず

五、

ああわれら　このてんごくに
ああわれら　このごくらくに
かみのこの　いのちさずかり
みひかりの　みつかいとなる
このさちを　なににたとえん
このさちを　なににたとえん

32　さあ お飛び 白鳩よ

谷口輝子・作詞

ほのかにも夜《よる》は明《あ》けた
さあお飛び　私の白鳩よ
叢雲《むらくも》のとばり開《ひら》けて
燦《さん》として真理の光降って来るよ

喜びにそのふくよかな
ふくよかな胸はり切らし
元気よくお飛びよ　平和の使者《つかい》

お前の紅《くれない》のその瞳《ひとみ》は
愛とやわらぎに潤《うるお》い
限りなき智慧《ちえ》に輝く
しっかりとお飛びよ　私の白鳩
その力強き双翼《そうよく》に希望《のぞみ》をこめて
ひたむきにお飛びよ　雄《お》々《お》しくやさしく

さあお飛び　私の白鳩よ
今太陽が昇って来るよ
お前の行くところ
ただ光明の世界

お前の訪れるところ
ただ平和の世界
おおらかに太陽の讃歌を歌いつつ
しっかりとお飛びよ　私の白鳩

33

光

かぎりなき
光のうちを歩めよと
父おしえたもう
子らにもつたえん

谷口恵美子・作詞

34 今此処《ここ》天国偈《げ》

谷口雅春・作詞

人間神の子！
一切の悪は存在せざるなり、
一切の悪は悉《ことごと》く夢。
悪《あ》しき父は存在せざるなり、
悪しき母は存在せざるなり、
悪しき夫は存在せざるなり、
悪しき妻は存在せざるなり、
悪しき息《むすこ》は存在せざるなり、
悪しき娘は存在せざるなり、
悪しき目上の人々は存在せざるなり。
悪しき目下の人々は存在せざるなり。
一切の悪は悉《ことごと》く夢！　夢！　夢！　夢！
今吾れ夢より目覚めたるなり。
一切の過去は存在せざるなり。
今此処この儘《まま》天国浄土なり、
今此処この儘極楽浄土なり、
家族互に和顔愛語讃歎《わがんあいごさんたん》す！
わが父は善《よ》き父なり、
わが母は善き母なり、

（裏につづく）

わが夫は善き夫なり、
わが妻は善き妻なり、
わが息《むすこ》は善き息なり、
わが娘は善き娘なり、
すべての目上の人々は善き人なり。
すべての目下の人々は善き人なり。
今此処この儘《まま》天国浄土なり。
今此処この儘極楽浄土なり。
家族互に和顔愛語讃歎す！

35

花園にて

谷口雅春・作詞

ほのかにも匂う
朝の香り
紫の香り
さがりふじ
あがりふじ

藤棚に
もくもくと葉が栄えて
藤蔓《ふじづる》は天に向う、
わたしは伸びるほかは知らないと云うように
藤蔓は渦巻《うずま》きて天に向う。

花びらが地に落ちている。
真赤な花びらだ。
真黒な土の上に
血のような赤さの花だ。
落ちてもなお生きている生命だ。

（裏につづく）

雛菊《ひなぎく》が
花園で呼吸している。
太陽を思うさまあびて
友達の色々の草花と
ゆらゆらと
一斉に揺れている。
生命の歓喜だ。
太陽の讃歌だ。

36 「光の泉」の歌

谷口雅春・作詞

一、輝《かがや》くみひかり　みひかりの世界、
天《あめ》よりただ射《さ》す　みひかりの泉。

二、地《つち》よりたばしる　みひかりの泉、
汲《く》まばや御児《みこ》たち　手《て》にせよ聖杯《さかずき》。

三、汲《く》みなば生《い》くべし　みひかりの泉、
飲《の》みなば長《の》ぶべし　際《きわ》なく涯《はて》なく。

（以下合唱）
輝《かがや》くみひかり　みひかりの世界、
天《あめ》よりただ射《さ》す　みひかりの泉、
地《つち》よりたばしる　みひかりの泉。

37　あなたを讃える歌

谷口清超・作詞

一、あなたの中に　全てがある
あなたは人を　美しく
また愛らしく　けざやかに
尽きせぬものを　満ちたらし
作り給うて　悦びの
讃歌を宇宙に　おおらかに
歌い給うた　おん声が
私の中に　今まさに
悦びとして　今ここに
甦《よみがえ》り（ああ）あふれ出る

二、あなたの中に　無限がある
あなたはものを　美しく
また整然と　けざやかに
尽きせぬものを　満ちたらし
光り輝く　悦びの
讃歌を宇宙に　限りなく
歌い続ける　おん声が
全ての中に　今まさに
悦びとして　今ここに
充ち満ちて（ああ）あふれ出る

38 追憶

谷口清超・作詞

一、
あなたと私とが出逢ったその時
あなたの瞳の中に　私がいた
あなたの胸に　私の手がとどいた
あなたと私は　それから愛し合い
あたたかくて楽しい家庭をもうけ
親に感謝し　よい子を生み育てた

二、
私は心から神様に対し
お礼を言いたい　あなたという人を
この世に生んで下さった　そのことを
愛らしい私達の子らは　みんな
神の子らしく　のびやかに生育し
喜々として結ばれ　飛び立って行った

三、
私達も　いつしか月日を重ね
お互いに深く　切実に知り合い
愛を深め　智慧を増し　讃め称えた
そしてやがて　更にさらに　年を経て
あなたは私をおいて　独りぼっち
遠い未知の国に旅立とうとした

（裏につづく）

四、

あなたは静かに　私の手をにぎり
私はこの世であなたに逢えたことを
とても神様に感謝していると
私の言いたかった　その一言《こと》を
あなたはささやき　私は涙した
あなたの瞳の永遠を見つめて

39 霧の街

谷口清超・作詞

一、あしたには　霧につつまれ
ひそやかに　目ざめ行く
古くまた新しい街《まち》
その可能性
どこまでも　限りなく
霧の奥に
全てがある

二、夕べには　灯《ひ》が点々と
輝いて　移りゆく
古くまた新しい街《まち》
その可能性
どこまでも　限りなく
闇の中に
全てがある

40　母と子のうた

谷口恵美子・作詞

一、
おさな児《ご》のいのち見つめて
すこやかに　気《け》高《だか》くあれと
あたたかき　母のまなざし（くり返す）
光あふるる

二、
いとし児に父を讃《たた》える
しあわせの　母の笑顔に
さそわれて　光の中に（くり返す）
子ら歩みゆく

三、
信じられ願い託《たく》され
子らはゆく　いのち生かして
かぎりなき　未来に向かい（くり返す）
翼ひろげて

41　こどものために

谷口恵美子・作詞

一、
おかあさん　な（あ）ぜ
お花が　ひらくのよ
それは　かみさまが
きれいな世界を見せたいと
やさしく息をかけたから

二、
おかあさん　な（あ）ぜ
小鳥は　うたうのよ
それは　かみさまが
たのしい声をきかせたいと
ひろい空から呼んだのよ

三、
おとうさん　な（あ）ぜ
かみさま　やさしいの
それは　ぼくたちが
かわいい　かわいい　かみさまの
いのちを　わけた　子だからよ

42

愛しているから

谷口清超・作詞

一、
愛しているから
あなたの苦しみを
わたしは抜《ぬ》き去る

二、
愛しているから
あなたに楽しみを
わたしは与える

三、
愛しているから
あなたの喜《よろこ》びを
わたしも悦《よろこ》ぶ

四、
愛しているから
あなたの去ることを
わたしは止《と》めない

五、
あなたはこれから
まことの愛を知り
美しく生きる

43　あかるい窓

谷口恵美子・作詞

一、白いレースのゆれる窓
　　いつも小鳥の群《む》れる窓
　　赤いゼラニュームの
　　あふれる窓には
　　誰が住む
　　明るい人
　　窓をかざり
　　街《まち》はほのぼの
　　朝を迎《むか》える

二、やさしい母の話し声
　　ピアノに合わせて歌う声
　　明るい歌声
　　ひびく窓には
　　誰が住む
　　楽しい人

（裏につづく）

窓をかざり
街《まち》はまぶしく
昼を迎《むか》える

三、
オレンジ色の窓の灯《ひ》に
たのしく集《つど》う影うつし

子供の笑い声
はじける窓には
誰が住む

美しい人
窓をかざり
街《まち》は静かに
夜《よ》はふけてゆく

44　山百合がひらく

谷口恵美子・作詞

一、山百合のひらくのを
私は見たのです
黄金色《おうごんしょく》の太陽が
つぼみを
あたためると
ゆらりと揺《ゆ》れて
朱色《しゅいろ》のしべをこぼすのです

二、スケッチの手をとめて
私は見たのです
黄金色《おうごんしょく》の太陽が
やさしく
話しかけると
花びらをそらし
鹿《か》の子《こ》模様を見せるのです

三、山百合の動くのを
私は見たのです
黄金色《おうごんしょく》の太陽が
まぶしく
照《て》ると
さえずる鳥に合わせ
歌うようにひらくのです

45 永遠に

谷口清超・作詞

一、人はどこまでも生き続ける
死がかりに姿を見せても
いのちの影がうつろうだけ
人はどこまでも生き続ける

二、人はどこまでも伸び続ける
失敗が姿を見せても
いのちがそこで躍動する
人はどこまでも伸び続ける

三、人はすべてを愛し続ける
憎しみが姿を見せても
愛のひだがそう見えるだけ
人はすべてを愛し続ける

46

聲《こえ》

谷口清超・作詞

み中なる御聲《みこえ》のままに
われ行かん
暗き彼方《かなた》の　光の國《くに》に
み中なる御聲のままに
われ行かん
暗き彼方の　光の國に
み中なる御聲のままに
われ行かん

み中なる御聲のままに
われ行かん
暗き彼方の　光の國に
み中なる御聲のままに
われ行かん

47　落葉よ

谷口恵美子・作詞

一、あかい落葉よ
おやすみなさい
美しい香りが消えて
花たちがこぼした種を
雨が降っても流されないように
そっと抱いてあげてください

二、きいろい落葉よ
おやすみなさい
美しい音色がやんで
虫たちがのこした卵を
雨が降っても流されないように
そっと抱いてあげてください

三、土になった落葉よ
おやすみなさい
あなたが見えなくなっても
美しい花がひらいて
虫の音の夜がつづくとき
きっとあなたを思い出します
あかい落葉よ
きいろい落葉よ
おやすみなさい

48　春ですね

谷口恵美子・作詞

一、
旅に出れば
雪どけ水が　チロチロと
川面をゆらし　うたいます
ことしも春が来ましたよ
いのちの流れが聞こえます

二、
旅に出れば
小枝集めて　巣作りを
いそぐ小鳥がうたいます
ことしも春が来ましたよ
いとしいいのちを育てます

三、
旅に出れば
からまつ白樺芽をふいて
やさしい風がうたいます
ことしも春が来ましたよ
いのちあふれる春ですね

49 遥かなる国

谷口清超・作詞

一、はるかなる母の国には
たわわにぞ華果《けか》の実りて
住む人はことごとく
愛ふかく智慧あふれ
助け合い信じ合い与え合い
ほめ言葉　海山里《うみやまさと》に
こだましつ　こだましつ

二、家々には子宝みちて
子らは皆個性にあふれ
住む人はことごとく
愛ふかく智慧あふれ
公けに奉仕を悦び与え
命をこめてよきものを
作りなす　作りなす

三、とこしなえの御中《みなか》に帰一し
みこころを吾が心とし
神をたたえ人々をおろがみ
愛ふかく智慧あふれ
すこやかに命を出し尽し
すべてのみ栄えを神に
捧げまつる　捧げまつる

50　いのちの花

谷口恵美子・作詞

一、
雨のしずくが地に沁みて
あたたかい太陽の呼ぶ声に
小さなタネは土を割り
天に向って答えます

二、
タネをまきます　ほほえみのタネを
雨のしずくに潤って
ふっくら蕾《つぼみ》をふくらませ
やさしい花を咲かせます

三、
タネをまきます　よろこびのタネを
あたたかい太陽の呼ぶ声に
合掌の双葉をのばして
よろこびの花を咲かせます

四、
私のまいた心のタネは
神の御愛《みあい》に生かされて
いのちの花を咲かせます
あかるい花を咲かせます

51 自《じ》然《ねん》流《る》通《つう》

谷口清超・作詞

み光は限りなく
広く明るく
人の心の奥底に
みちみちて
あふれ出《い》で
人の心を
結びつけ
山も川も
人もけものも
鳥も魚も
すべてのものが
助け与えあい
この世は天国
世界は自由
物とものとは
流れ交わり
充ちあふれ
人の心は
そのままに
神の愛
そのままに
豊かに与えて
与えられたり

52 旅路

谷口恵美子・作詞

一、人はみな
いのちを愛する悦びを
知るために
一歩一歩人生を歩み
そのままを
拝めるという
幸せの中に
いのちの輝きを見る

二、人生の
長い旅路を歩むとき
人々に
愛と祈りを捧げ
すべての
いのちを拝む
よろこびの中に
神の御声《みこえ》を聴く

53　ああ　わが神よ

谷口清超・作詞

一、

あなたは昔
私の中にいて
静かにほほえんだ
あのお顔が
今も忘れられない
あなたはいつも
私の美点ばかりを
讃嘆されたので
私は明るく生きた
あなたはいつも
私により添い
私をはげまし
そして見えない所で
支えていて下さった
あなたはどこまでも
私を生かし続けられ
今もなおどこか
大いなる宇宙の彼方《かなた》
そして今此処《ここ》
私の中にあなたは

生きて、与えて
与えて、求めず
呼べば答え給う
ああ　わが神よ

二、あなたは今も
私の中にいて
静かにひそかに
与え給う
常に何か最も
大切なものを
全てのものに与えて
讃嘆を求めず
存在を強《し》い給わず
あなたはいつも
私により添い
私をはげまし
そして全ての者には
価値ある仕事を与え
個性と平等と
愛と自由と秩序を
くまなく与えて

（裏につづく）

大いなる宇宙の彼方
そして今此処
私の中にあなたは
生きて、与えて
与えて、求めず
限りなく偉大な
ああ　わが神よ

54　星のように

谷口恵美子・作詞

一、空に輝やく星たちを
数えたことがありますか
数えようにも多すぎて
夜空を仰ぎ立ちつくし
神の御心《みこころ》おもいます

二、この世に生まれたよろこびを
数えたことがありますか
数えようにも多すぎて
御恩をうけた人たちの
やさしい心を思います

三、いのちが息づく尊さを
想ったことがありますか
不思議なことが多すぎて
耳を澄まして目を閉じて
ひたすら神を想います

55

虚空《こくう》の讃歌

谷口清超・作詞

大空《おお》の　奥ふかく
はるかに遠く　どこまでも
往《ゆ》きて行くなり　果てしなく
神は見えず　聞こえず
隠《かく》り身《み》に　おわしますかな

虚空には　智慧と愛と
いのちと　秩序あり
拡《ひろ》がりて　又縮まりてゆく時も
全ては今・此処　無相《むそう》にあるなり
有り在《あ》りて　実在の神なり

不滅を求め　永世《えいせい》を求めもとめて
限りなく　悦びたり
与えて受けて　又与えて
不死不滅　無限に豊かなり
ああ　ゆたかなるかも

56　ほほえみて

谷口恵美子・作詞

一、美しきみどり児
母の腕に眠りて
ほほえむ
天使とおどる夢見るか
蝶々と遊ぶ夢見るか
母の腕に眠りて
ほほえむ

二、美しきみどり児
母は胸に抱《いだ》きて
ほほえむ
尊きいのち見つめて
神の賜物《たまもの》よろこび
母は胸に抱きて
ほほえむ

57　神の国なり

谷口清超・作詞

一、
どこまでもどこまでも
歩み続けて行く人に
見え来《きた》り出《い》で来《きた》る
うまし国かな
光の国には
全てがあるなり
永遠《えいえん》のいのち
無限の慈愛
与えても尽きぬ
豊かなる神の
分ち合う心
勝利・敗北・成功・失敗
栄枯・盛衰・因果・応報
陰謀も策略も
全て仮りの芝居なり
死も悩みも苦しみも
神は作らず
ただ仮りの姿
夢かまぼろしの
如くなるなり

二、
幾世《いくせい》も幾世も
生れ変りて果てしなく

様々な場に於いて
ドラマするなり
吾が国は
神の国なり
在り通す
永遠のいのち
円満な心
自他は別なく
一即多なり
自由自在なり
死も悩みも
憎しみも
戦いもなく
病も嫉妬も
夢かまぼろしの
如くなるなり
完全無欠
不滅なり
無窮なり
秩序なり
完全円満
不死不滅
無限なり
神の国なり
神の国なるかな

58 地球の人よ

谷口恵美子・作詞

一、
まあるい地球は
わたしたちの住家
同じ太陽を拝み
同じ月の下で眠り
国や言葉がちがっても
愛の心は通いあう
青い青い空
青い青い海つづく
きれいな地球にするために
神の御心《みこころ》生きましょう

二、
まあるい地球は
わたしたちの住家
氷の世界に住む人も
熱砂の中にいる人も
神の子同志と知るときに
愛の心は通いあう
たのしい地球にするために
愛の言葉を惜しみなく
悲しみうれいを分ちあい
神に祈りを捧げましょう

59

今始めよう

谷口清超・作詞

私はあなたの、幼いころを知っている
あなたと私は、いつもよく遊んだ
あなたは、私の後《あと》ばかりついて来た
私とあなたは、同じ学校に通った
しかし中学は、別だった

やがてあなたは、遠くへ嫁いだ
私は戦争に行き、傷ついた
病院で、神様の話を聞いた
私の手も脚も動かなかった
あなたは二人の子を連れて
私の病室を見舞ってくれた

あなたの子は、可愛いかった
少しためらいながら、あなたは
夫の写真を見せてくれた
健康で、たくましい彼は
明るく微笑んでいた

（裏につづく）

私は動かぬからだを思い出し
次の世に生れ変ったら
神様の御心《みこころ》を人々に伝えて
戦争も病気もない世界を
作りたいと心から思った

あなたの家庭のような
明るく楽しい家々を
全ての人に持ってほしい
神様の歌を、みんなで
歌おうと心にきめた

あなたが去るのを見送りながら
今のこのからだのままで
それを始めようと思い立ち
あふれ出る、涙をふいた

60　朝のうた

谷口恵美子・作詞

一、「チュンチュのお目々はパッチリコ
　ポッポのお目々もパッチリコ
　あなたのお目々もパッチリコ」
　「まだよ　まだよ　ピッシャリコ
　まだよ　まだよ　ピッシャリコ」

二、「ワンワンのお目々はパッチリコ
　ニャーニャのお目々もパッチリコ
　あなたのお目々もパッチリコ」
　「まだよ　まだよ　ゾウさんは
　まだよ　まだよ　ゾウさんは」

三、「ゾウさんのお目々はパッチリコ
　キリンさんのお目々もパッチリコ
　あなたのお目々もパッチリコ」
　「おはよう　おはよう　おかあさん
　おはよう　おはよう　おかあさん」

61　悦びの歌

谷口清超・作詞

一、
神の国は
今ここにあり
今ここにあり
されど目に見えず
耳にも聞えず
永遠《とわ》にあり通し
不死なるいのちを
全てに分ちて
ほめたたえ
悦び天地に
みちあふれたり

二、
神の国は
無次元にして
偉大なるかな
五感も六感も
超えてあるなり
永遠《とわ》にあり通し
無限の宝を
全てに分ちて

ほめたたえ
悦び宇宙に
とどろきわたる

三、ああ大いなる
神の国なり
愛と智慧と
力と調和と
繁栄と
与え合う
そのままの
神の御心《みこころ》を
ただそのまま
ただそのままに
生き生きて
永遠《えいえん》に生きる
神の子なり
神国《かみくに》の子なり
悦びあふれ
わき出《い》ずるかな

62　無限を称える歌

谷口清超・作詞

一、ああ、かみさま
あなたの世界には
何があるのでしょうか
なんにもないのですか
全てがあるのですか
愛も智慧も
いのちも富も
かみさま、あなたは
全てをおしみなく
お与え下さいますか
「すでに全てが
与えてある
あなたは神の子
あなたの中に
全てがある」

二、ああ、かみさま
あなたのお声が
わたしの心に
強く生き生きと

響いて来るのです
わたしは神の子
わたしはいのち
とわに生き通し
病まず老いない
無限万能のわたし
愛がふかくて
智慧にあふれ
清く美しく
悦びに満ちた
神の子ですね

三、与えても、与えても
なお余りある
幸せの保持者
感動の持ち主
永遠《えいえん》の歓喜
それが全ての
人の真実ですね

63　浄まりて

谷口清超・作詞

一、きよまりて
浄まりて
限りなく
美しく
よみがえり
さらに又
よみがえり
限りなく
美しく
きよまりて
限りなく
アー、オー、ウー、エー、イー
アー、オー、ウー、エー、イー

二、あすもまた
浄まりて
限りなく
美しく
よみがえり
よみがえり

さらに又
限りなく
美しく
きよまりて
豊かなり
アー、オー、ウー、エー、イー
アー、オー、ウー、エー、イー

三、きよまりて
浄まりて
とこしえに
よみがえり
さらにまた
よみがえり
美しく
愛ふかく
きよまりて
智恵あふれ
限りなく
アー、オー、ウー、エー、イー
アー、オー、ウー、エー、イー

64　日の輝くように

谷口清超・作詞

一、朝にはいつも　日がのぼる
晴れた日もまた　雨の日も
休むことなく　変りなく
あの太陽は　裏切らない
だから私も　裏切らない
だから私は　裏切らない

二、昼にはいつも　力一杯
照り輝いて　雨の日も
雲の上から　照っている
雨も永くは　続かない
だから私も　照り輝く
だから私は　光り輝く

三、夜にはいつも　日が沈む
太陽はまた　別の地で
全てのものに　おしみなく
光りを恒《つね》に　ふりそそぐ
だから私も　光りを送る
すべての人の　心の中に

四、又朝が来て　日は昇り
光り続けて　求めない
死もなく滅《めっ》も　衰えも
ない人生を　限りなく
神の光りに　導かれ
ただそのままに　私は生きる

65

あなたは何処《どこ》に

谷口清超・作詞

一、

あなたは　いない
あなたが　いない
あなたは　何処にいる
あなたは　見えない
けれども　何処かに
あなたが　いるような
気がして　いつも
あてもなく
探しつづけて　いたのです
そしてやっと
神の国を
知りました
その喜び
その感動は
この世も　あの世も
すべてを超えて
限りなく
輝きわたり
あぁ、不滅のいのち
光の国にいる

あなたを
感じました

二、
あなたは　遠く
あまりに　遠く
あなたは　天にいる
あなたは　見えない
その声も　聞けず
祈りも　きかれない
わたしは　いつも
さびしくて
暗い心で　いたのです
そしてやっと
神の国が
今・ここと
わかったので
あなたの愛が
この世も　あの世も
すべてを超えて
限りなく
輝きわたり
あぁ、不滅のいのち
光の国だけが
あるのだと
わかりました

66 **かみをたたえて**

谷口清超・作詞

一、いのちある　すべてのものは
うつくしく　きよくただしく
えいえんに　いきんとおもい
おたがいに　たすけあいつつ
あたえあう　ちえとあいとに
つつまれて　かみのみくには
やすらかに　あり
まことなるかな　ありがたきかな

二、いのちなる　あたらいのちを
ことさらに　きずつけあいて
うばいあい　いつわりをいう
ひともあり　ちえとあいとを
みうしなう　このよのすがた
いかにしも　かみのみくにに
ありえざるなり
かみのつくりし　ことにしあらず

三、かみしらず　かみつくらざる
げんしょうは　すべてむなしき

かりのもの　いつしかきゆる
さだめなり　かみつくりたる
ちえとあい　いのちよろこび
しんじつの　よきもののみの
みちあふるるは
じつざいにして　ありとおすなり

67 人生の旅路

谷口清超・作詞

一、いろいろの
見知らぬ人と
出会った旅で
ありがとう
深切にして
下さいました
それからの
今もあなたは
何も求めない

二、美しく
無償の行為
明るい言葉
すばらしい
信仰とその
過去の思い出
この世での
全てのものは
生きていました

三、在りとおす
ありとおす
神の国への

導きの声
いつまでも
いつまでも
素直なこころ
ただそのままに
ひとりでに
そっと別れた
この世の旅路

68 水と森の歌

谷口清超・作詞

一、
風が吹き
雨が降り
山の奥より
岩はだにそい
流れ出る
清き水
森を養い
田をうるおして
人や虫
かえる、鳥
いのちあるもの
すべてを生かし
川となり
海に入《い》り
くじらや魚に
力をあたえ
大いなる
日《ひ》のちから
限りなく照り
むら雲となり

台風や
ハリケーン
大雨《おおあめ》となり
大河《たいが》となりて
果てしなく
どこまでも
水は流れて
やむことなきか
ありがたきかな

二、雨が降り
樹はしげり
豊かに実り
けものを養い
清らかな
空と水
豊かに与え
葉は枯れ落ちて
肥えた地を
年を経て
つくり続けて
すべてを生かし

（裏につづく）

伐られても
もの言わず
人やけものに
力を与え
大いなる
日のちから
限りなく照り
森はしげり
台風や
モンスーン
大雨に堪え
暴風にたえ
果てしなく
どこまでも
緑の風は
やむことなきか
ありがたきかな

♪明るい人生の創造のために
歌おう　真理の歌！♪
♪

最高の真理の言葉が歌になった、生長の家の聖歌。言葉には、創造の力があります。明るい、善い言葉はあなたの人生に光と希望をもたらすにちがいありません。日々この聖歌をうたい、魂を浄め、明るい人生を創造しましょう。

楽譜（合唱譜）・カセットテープ・ＣＤも発売されていますので、ぜひ御活用ください。

楽譜・カセットテープ・CDの収録曲リスト

楽譜　第1集増補版

1 実相を観ずる歌〈二部〉⑪
2 生長の家の歌〈混声三部〉⑪
3 神と偕に生くる歌〈混声三部〉⑪
4 いのち柱の歌〈混声四部〉⑪
5 宇宙荘厳の歌〈斉唱〉⑪
6 神霊降誕譜〈斉唱〉⑪
7 堅信歌〈混声三部〉⑪
8 使命行進曲〈混声三部〉⑪
9 生長の家白鳩会の歌〈女声二部〉⑪
10 白鳩讃歌〈斉唱・女声三部〉⑪
11 慈母愛育譜〈斉唱・女声三部〉⑪
12 をみなこそ〈斉唱・女声三部〉⑪
13 生長の家高校生連盟の歌〈混声三部〉⑪
14 生長の家青年会の歌〈二部〉⑪
15 生長の家学生会全国総連合の歌〈混声四部〉⑫
16 生長の家女子青年の歌〈女声二部〉⑫
17 生長の家ジュニア友の会の歌〈混声三部〉⑫

楽譜　第2集

18 今ここに新たに生れ〈混声四部〉⑫
19 新生讃歌〈混声三部〉⑫
20 讃春歌〈女声三部〉⑫
21 天国成就の歌〈混声三部〉⑫

22 光に向う歌〈混声四部〉⑫
23 無限供給讃歌〈混声三部〉⑫
24 望郷回光譜〈混声四部〉⑫
25 練成献身譜〈混声三部〉⑫
26 聖使命菩薩讃歌〈混声三部〉⑫
27 真理に向う歌〈混声四部〉⑫
28 久遠いのちの歌〈混声四部〉⑫

楽譜　第3集増補改訂新版（34今此処天国偈は除く）

29 即身成仏偈〈混声四部〉⑬
30 神徠招請譜〈混声四部〉⑬
白鳩讃歌〈女声四部〉⑬
31 み光の天使は歌う〈三部〉⑬
32 さあお飛び白鳩よ〈斉唱・三部〉⑪⑬
33 光〈二部・三部〉①⑧⑬
34 今此処天国偈
35 花園にて〈斉唱・女声三部〉
36 「光の泉」の歌〈斉唱・混声四部〉
37 あなたを讃える歌〈二部〉①⑧
38 追憶〈二部・混声四部〉①⑦
39 霧の街〈二部〉⑦
40 母と子のうた〈女声二部〉⑦
41 こどものために〈女声三部〉⑧
42 愛しているから〈二部・混声四部〉⑦
43 あかるい窓〈女声二部〉⑧
44 山百合がひらく〈独唱・斉唱〉⑦

楽譜集「永遠に」
45 永遠に〈混声四部〉⑦
46 聲〈混声四部〉⑧
47 落葉よ〈混声四部〉⑦
48 春ですね〈女声二部〉⑦

楽譜集「自然流通」（現在品切中）
49 遙かなる国〈混声四部〉②⑦
50 いのちの花〈女声三部〉②⑦
51 自然流通〈混声四部〉②⑦
52 旅路〈女声三部〉②⑦

楽譜集「ああ わが神よ」〈混声四部・女声三部〉（現在品切中）
53 ああ わが神よ ③⑧
ピース譜
電子オルガン独奏のための ああ わが神よ
ピース譜
平成元年度全国大会演奏形式による ああ わが神よ
54 星のように ③⑧

楽譜集「虚空の讃歌」〈混声四部・女声三部〉
55 虚空の讃歌 ③⑧
ピース譜
電子オルガン独奏のための 虚空の讃歌
56 ほほえみて ③⑧

楽譜集「神の国なり」〈混声四部・女声三部〉（現在品切中）
57 神の国なり ⑧
58 地球の人よ ⑧

楽譜集「今始めよう」〈混声四部・女声三部〉

59 今始めよう ⑧

60 朝のうた ⑧

楽譜集「悦びの歌」〈混声四部・女声三部〉

61 悦びの歌 ④⑨⑩

楽譜「無限を称える歌」〈混声四部〉

62 無限を称える歌 ④⑨⑩

楽譜「浄まりて」〈混声四部・女声三部〉

63 浄まりて ⑨

楽譜「日の輝くように」〈混声四部・女声三部〉

64 日の輝くように ⑨

楽譜「あなたは何処《どこ》に」〈混声四部・女声三部〉

65 あなたは何処に ⑤⑨

楽譜「かみをたたえて」〈混声四部・女声三部〉

66 かみをたたえて ⑤⑨

楽譜「人生の旅路」〈混声四部・女声三部〉

67 人生の旅路 ⑥⑨

楽譜「水と森の歌」〈混声四部・女声三部〉

68 水と森の歌 ⑥⑨

※タイトルについている①から⑬の数字は、後出の〈聖歌テープ集〉および〈聖歌CD集〉に付した数字の製品に、収録されていることを示しています。

〈聖歌テープ集〉

①追憶　二八八一円
合唱曲と器楽曲―音楽を愛する人のために

②自然流通　二八八一円
合唱と管弦楽による聖歌集

③虚空の讃歌　二八八一円
合唱と管弦楽による聖歌集

④無限を称える歌　一六〇二円
合唱と管弦楽による聖歌集

⑤かみをたたえて　一六七六円

⑥水と森の歌　一六七六円

〈世界聖典普及協会制作・頒布〉

〈聖歌CD集〉

⑦自然流通　三三〇五円
愛と歓びの讃歌

⑧愛のハーモニー　三三〇五円
谷口清超先生御夫妻の聖歌合唱集

⑨愛と希望の讃歌　三一四三円
谷口清超先生の聖歌合唱集

⑩無限を称える歌　一六〇二円
シングルCD

⑪生長の家聖歌合唱集 第1集（CD版）　二〇九六円

⑫生長の家聖歌合唱集 第2集（CD版）　二〇九六円

⑬生長の家聖歌・愛唱歌合唱集 第3集（CD版）　二〇九六円

〈世界聖典普及協会制作・頒布〉

〈楽譜〉

生長の家聖歌楽譜　第1集増補版　七八五円

生長の家聖歌楽譜　第2集　五五六円

生長の家聖歌楽譜　第3集増補改訂新版　九〇二円

〈以上、三点は、日本教文社刊・世界聖典普及協会頒布〉

楽譜集　永遠に（合唱譜・ピアノ伴奏譜付）　二二〇円

楽譜集　虚空の讃歌（合唱譜・ピアノ伴奏譜付）　三二〇円

楽譜集　今始めよう（合唱譜・ピアノ・オルガン伴奏譜付）　五三四円

楽譜集　悦びの歌（合唱譜・ピアノ・オルガン伴奏譜付）　三七四円

楽譜　無限を称える歌（合唱譜・ピアノ・オルガン伴奏譜付）　三七四円

楽譜　浄まりて（合唱譜・ピアノ・オルガン伴奏譜付）　四二七円

楽譜　日の輝くように（合唱譜・ピアノ・オルガン伴奏譜付）　五二四円

楽譜　**あなたは何処《どこ》に**　（合唱譜・ピアノ・オルガン伴奏譜付）　五二四円

楽譜　**かみをたたえて**　（合唱譜・ピアノ・オルガン伴奏譜付）　五二四円

楽譜　**人生の旅路**　（合唱譜・ピアノ・オルガン伴奏譜付）　六二八円

楽譜　**水と森の歌**　（合唱譜・ピアノ・オルガン伴奏譜付）　六二八円

〈ピース譜〉

電子オルガン独奏のための　**ああ　わが神よ**　二一三円

平成元年度全国大会演奏形式による　**ああ　わが神よ**　五三四円

電子オルガン独奏のための　**虚空の讃歌**　五三四円

〈世界聖典普及協会制作・頒布〉

※各定価（消費税一〇％込み）は令和六年一二月一日現在のものです。
改訂される場合もありますのでご了承下さい。

新版《しんぱん》 生長《せいちょう》の家《いえ》 聖歌《せいか》 歌詞《かし》

平成一四年 六月 一日 初版発行
令和 六 年一二月 五日 一七版発行

編 集 宗教法人《しゅうきょうほうじん》「生長《せいちょう》の家《いえ》」
発行者 西尾慎也
発行所 株式会社 日本教文社
東京都港区赤坂九－六－四四 〒一〇七－八六七四
電 話 〇三－三四〇一－九一一一（代表）
ＦＡＸ 〇三－三四〇一－九一三九（営業）
頒布所 一般財団法人 世界聖典普及協会
東京都港区赤坂九－六－三三 〒一〇七－八六九一
電 話 〇三－三四〇三－一五〇一（代表）
振 替 〇〇一一〇－七－一二〇五四九
印刷・製本 港北メディアサービス株式会社

ISBN978-4-531-02311-0
定価は表紙に表示してあります。
乱丁本・落丁本はお取り替えいたします。

日本教文社のホームページ　http://www.kyobunsha.co.jp/